Tucholsky Wagner Zola Scott Sydow Fonatne Freud Schlegel Turgenev Wallace
Twain Walther von der Vogelweide Fouqué Friedrich II. von Preußen Freiligrath Weber Frey
Fechner Fichte Weiße Rose von Fallersleben Kant Ernst Richthofen Frommel Hölderlin
Fehrs Engels Fielding Eichendorff Tacitus Dumas Faber Flaubert Eliasberg Ebner Eschenbach
Feuerbach Maximilian I. von Habsburg Fock Eliot Zweig Ewald Vergil
Goethe Elisabeth von Österreich London
Mendelssohn Balzac Shakespeare Dostojewski Ganghofer Lichtenberg Rathenau
Trackl Stevenson Tolstoi Hambruch Doyle Gjellerup
Mommsen Thoma Lenz Hanrieder Droste-Hülshoff
Dach Verne von Arnim Hägele Hauff Humboldt
Reuter Karrillon Garschin Rousseau Hagen Hauptmann Gautier
Damaschke Defoe Descartes Hebbel Baudelaire
Wolfram von Eschenbach Schopenhauer Hegel Kussmaul Herder
Bronner Darwin Dickens Melville Grimm Jerome Rilke George
Campe Horváth Aristoteles Bebel Proust
Bismarck Vigny Gengenbach Barlach Voltaire Federer Herodot Heine
Storm Casanova Lessing Tersteegen Gilm Grillparzer Georgy
Chamberlain Langbein Gryphius
Brentano Lafontaine
Strachwitz Claudius Schiller Kralik Iffland Sokrates
Katharina II. von Rußland Bellamy Schilling
Gerstäcker Raabe Gibbon Tschechow
Löns Hesse Hoffmann Gogol Wilde Gleim Vulpius
Luther Heym Hofmannsthal Klee Hölty Morgenstern Goedicke
Roth Heyse Klopstock Kleist
Luxemburg Puschkin Homer Mörike
La Roche Horaz Musil
Machiavelli Kierkegaard Kraft Kraus
Navarra Aurel Musset Kind Moltke
Nestroy Marie de France Lamprecht Kirchhoff Hugo
Nietzsche Nansen Laotse Ipsen Liebknecht
Marx Ringelnatz
von Ossietzky Lassalle Gorki Klett Leibniz
May vom Stein Lawrence Irving
Petalozzi Platon Knigge
Sachs Pückler Michelangelo Kock Kafka
Poe Liebermann Korolenko
de Sade Praetorius Mistral Zetkin

Wunderlicher Traum von einem großen Narrennest

Abraham a Sancta Clara

Impressum

Autor: Abraham a Sancta Clara
Umschlagkonzept: toepferschumann, Berlin

Verlag: tredition GmbH, Hamburg
ISBN: 978-3-8424-8773-4
Printed in Germany

Text der Originalausgabe

Abraham a Sancta Clara

Wunderlicher Traum von einem großen Narrennest

Wunderlicher Traum
Von einem grossen
Narren-Nest.
Welches
Gaudentius Hilarion wider
alles Verhoffen gefunden/ vnd auß-
genommen.

Allen respectivè gutmeinenden Ge-
müteren/ die da ein sittliche Lehr/ sambt
einer erspießlichen Zeitvertreibung nicht
waigeren.

Für ein Neu-Jahrs-
Schanckung offeriret

Von P. ABRAHAM Augustiner-
Barfüsser-Ordens/ Kayserl. Predi-
gern/ vnd Provinz-Definitorn.

Cum Permissu Superiorum.

Gedruckt zu Saltzburg bey Melchior
Haan/ Einer Löbl. Landschafft vnd Stadt-Buch-
druckern vnd Handlern.
Im Jahr Christi 1703.

Lieber und wolgeneigter Leser.

Der Titul dises wintzigen Büchels muß niemand erschröcken / dann wol öffters ein schlechte Scheid / und ein gute Kling darinn: es werden allhier die Narren zimblich durch die Hächel gezogen / jedoch wird kein Mensch in speciel an seinem Namen / oder Stand berühret / sondern alles in ein sittliche Lehr gezogen; noch muß ein reiffsinniger auch nicht zu sehr die Nasen darüber rumpffen / weil mehrmahl die H. Schrifft beigeruckt wird / dann eben dise / und die Bücher der Lehrer in allweg dahin zihlen / damit sie denen unbedachtsamben Adams-Kindern solche Narrheiten mögen auß dem Kopff bringen: seind also dise wenige Blätl nicht allein zu einer beliebigen Zeit-Vertreibung / sondern forderist auch zu einem Spiegel / worinnen mancher ersehen kan / ob er unter dise Narren-Zahl gehöre / oder nicht. Tröst mich also / daß dises mein weniges Neues Jahr-Offert, nicht gäntzlich werde verworffen werden.

VERZEICHNUSS DER NARREN.

Ein einfältiger Narr.

Ein verliebter Narr.

Ein geitziger Narr.

Ein zorniger Narr.

Ein versoffener Narr.

Ein fauler Narr.

Ein verlogner Narr.

Ein forchtsamber Narr.

Ein hoffärtiger Narr.

Ein grober Narr.

Ein eifersüchtiger Narr.

Ein lobwürdiger Narr.

Ich Gaudentius Hilarion edler Herr von Freuden-Thal habe vor etliche Monat einen wunderseltzamben Traum gehabt: es hat mir getraumet / als seie ich gereist in unerschidliche Länder / worinnen mir sehr vil denckwürdige Sachen unter die Augen kommen; unter anderen gelangte ich auch in Franckreich in die Statt Narbona, wo vor Zeiten Julius Caesar seine Legiones, und Soldaten-Schaar gehabt; in diser Statt Narbona bin ich in eines vornehmen Herrn Garten spatzieren gangen / daselbst hab ich auff einem dicken Eichbaum ein großmächtiges Nest wahrgenommen / hörte auch anbei ein zimbliches Zwitzeren / kunte aber nicht urtheilen noch schliessen / was es für ein Nest seie / stache mich also der Fürwitz / daß ich umb ein Leiter geschaut / und hinauff gestigen / da fande ich Wunder über Wunder / dann es war kein Vogel-Nest / sondern ein Narren-Nest / und sassen zwölff Narren in disem Nest; muste also wider alles Hoffen ein gantz Dutzet Narren ausnehmen; Der allererste war

Ein Einfältiger Narr.

Wann man die Sach reifflich überlegt / und wol erörthert / so seind die jenige Leuth eigentlich keine Narren zu nennen / welche da einen öden und blöden Verstand / und einen wurmstichigen Vernunfft haben / wol aber die jenige seind für grosse Narren zu schelten / welche da Ubles thun / und sündigen / laut Göttlicher Schrifft: qui cogitat mala facere, stultus vocabitur. Proverb. c. 24. Worüber der H. Kirchen-Lehrer Hieronymus also schreibet: Ne putares stultum aestimandum fuisse eum, quem hebetem, tardum ingenio videres, palam ostendit, quia ille stultus sit vocandus, qui vel cogitatione peccati suggestioni consentit, tametsi acer ingenio videtur existere[1] . ibi in Proverb. c. 24.

Jetzige verkehrte Welt aber pflegt gemeinglich dergleichen einfältige Leuth für Narren außzuschreien: es hat fürwar der Mensch billich dem gütigisten GOtt höchstens zu dancken / daß Er ihme einen guten Vernunfft geben / wie dann der David GOtt dem HErrn nicht sovil gedanckt / umbweilen er ihme die Stärcke ertheilt / daß er Löwen und Beeren zerrissen; nicht sovil gedanckt / daß Er ihn vom Hirten-Stab zum Scepter / von der Schmeer-Kappen zur Cron erhoben; als er gedanckt hat umb den Verstand / so ihme die Göttliche Freigebigkeit gegeben; Benedicam Dominum, qui tribuit mihi intellectum. In der Welt gibt es freilich wol an allen Orthen sehr witzige / und verständige Leuth / man sihet aber auch / daß nicht allenthalben ein Cato, sondern auch ein Mato anzutreffen seie; Zimblich einfältig war jener Baur in Franckreich.

Ein König in Franckreich verirrte sich einsmahls auff der Jagt von seinen Hoff-Leuthen / als er nun wider auff den rechten Weeg kommen / und gantz allein wider nacher Pariß geritten / ist ihme ein Baur begegnet / welcher ebenfalls nach der Statt gienge: mit disem liesse sich der König zur Zeit-Vertreibung in ein Gespräch ein / unter andern meldet der Baur / daß er so gern möchte den König sehen / was er dann für ein Auffzug habe / und wie er ge-

---

[1] Damit man nicht meine, der sei für närrisch zu halten, der stumpfen, trägen Geistes scheine, erklärt er offen, jener sei ein Narr zu nennen, der auch nur in Gedanken der Versuchung zur Sünde nachgibt, obwohl er scharfen Geistes zu sein scheint.

staltet seie; worauff der König / wolan / so komb mit mir / ich reite ebenfalls zum König / du solst ihn heut noch sehen: wie kan ich aber / sagt der Baur / es wissen welches der König ist? weist du was / sagt der König / wann wir in die Statt vor den König kommen / so gib Achtung darauff welcher unter allen den Hut auff dem Kopff behält / da die andern alle mit blossem Haupt stehen / derselbe ist König / wie sie nun in solchem Gespräch unter die Stadt-Pforten kommen / sihe! da wartteten alle Königliche Bediente auff den König / und empfiengen ihn mit abgedeckten Häuptern; der Baur aber auß Unverstand behielte neben dem König den Hut auff dem Kopff: der König wendet sich zu ihm / und sprach / siehest du nunmehr wer König ist? der Baur antworttet / ich weiß es doch nit recht / aber einer auß uns beeden muß es ohne Zweiffel sein; der König muste über deß Bauren Einfalt von Hertzen lachen: Bald hierauff folgte ein Carotzen mit etlichen Damasen, der Baur vergaffte sich gantz in dise / und fragte endlich den Gutscher / was dise für Thier seind: der Gutscher sagte / es sein Calecutische Hennen: was Teuffel / antworttet der Baur / tragen sie doch den Schweiff auff dem Kopff! Freilich / sagt der Gutscher vor etlichen Jahren zwar haben sie den Schweiff ruckwerts nach sich geschleppt / weil man sie aber für Gassen-Kehrer gehalten / also hat die vornehme Madame Fontange bei dem Jupiter so vil außgebracht / daß ihnen der Hennenschweiff beim Kopff hat dörffen herauß wachsen: das ist ein anders / sagt der Baur / auff meinem Mist kratzen keine solche Malecutische Hennen. Wol ein einfältiger Narr!

Ein Verliebter Narr.

Die Lieb ist ein Dieb; ein Dieb ist gewest Judas, weil er Geld gestohlen; ein Diebin ist gewest die Rachel, weil sie ihrem Vatter die goldene Götzen-Bilder gestohlen; ein Dieb ist gewest der Achan, weil er bei Eroberung der Statt Jericho neben anderen einen Mantel gestohlen: aber noch ein grösserer Dieb ist die Lieb / dann dise stihlt denen Menschen gar die Vernunfft / und macht sie zu einem Narren / amantes, amentes. Amnon ein Sohn deß Davids hat sich dergestalten verliebt in sein Schwester die Thamar, daß er vor lauter Lieb ist kranck / und bethlägerig worden; es hat ihme weder Essen noch Trincken geschmeckt; das Gesicht ist ihme gantz und gar eingefallen / daß er ausgesehen / wie ein außgeblassene Sackpfeiffen; Tag und Nacht hat er geseufftzet nicht anderst / als wie ein ungeschmierte Hauß-Thür; er war dergestalten entzündt in der Lieb / daß er ohne Gefahr noch Schaden nicht hette können bei einem Stroh-Dach vorbei gehen; wol recht hat der Poët gesagt:

Bacchus und der Weiber Garn
Machen vil zu lauter Narren.

Im Evangelio seind drei Gäst gar höfflich eingeladen worden zur Mahlzeit / deren aber ist keiner erschinen / sondern der Erste sagte / daß er einen Meir-Hoff habe kaufft / müste also denselben sehen / er bitte / man wolle ihn entschuldiget haben: Der Andere sagte / er habe fünff Joch Ochsen eingehandelt / müste solche probieren / er bitte auch / man woll ihn entschuldiget haben: Der Dritte sagt / er habe ein Weib genommen / er könne nicht kommen / sagt aber nichts / daß man ihn soll entschuldiget haben: Warumb? Darumb / dann ich glaub / er ware schon ein Narr / die Lieb hat ihm den Verstand genommen.

Ein junger Gesell / als er vernommen / daß seine ihm eingebildte Braut / ihn zu nehmen / darumb sich weigerte / weil er nicht längst den Fuß gebrochen / nunmehr zwar geheilet / gleichwol aber sehr hincken thue / ist so frech gewest / daß er von freien stucken zu einem besseren Wund-Artzten gangen / den Fuß wider auff ein neues hat brechen lassen / und folgende also einrichten / daß er nachgehende nicht mehr gehuncken. O Narr!

Ein anderer von guten Hauß, schreibet seiner Liebsten ein Brieffel / und damit solches nit leer einlauffe / sondern ein Schanckung mit sich bringe / also schnitte er ihme einen Finger von der Hand hinweck / und schicket selbigen eingeschlossener in Brieff / zur Bedeutung seiner wahren / und unverfälschten Lieb. O Narr!

Ein anderer hat in Gesundheit seiner Liebsten nit allein ein Glaß Wein biß auff den letzten Tropffen außgetruncken / sondern noch das Glaß völlig mit den Zähnen zernaget / und zermahlet / und es wie den besten Zucker gantz gierig gefressen / daß ihme hierdurch das Ingeweid zerrissen / und folgsamb Lieb / und Leben zugleich verlassen. O Narr!

Ein anderer hat ein Handschueh seiner Liebsten entzuckt / selben gar klein zerschnittener sieden lassen / solchen an statt der Kuttel-Fleck gefressen / anbei bekennet / daß ihme die Zeit seines Lebens keine Speiß habe besser geschmeckt. O Narr!

Salomon hat es selbst bekennt / daß er wegen der Lieb zu denen Außländischen Weibern / zu denen Moabitischen und Ammonitischen / zu denen Edomitischen und Sidonitischen / etc. seie der gröste Narr worden / stultissimus fui Virorum, et Sapientia non fuit mecum. Proverb. c. 30.

Auff solchen Leist ware auch geschlagen / in solchen Model war auch gegossen / mit solcher Narren-Kappen ware auch gecrönt Dulcitius, ein Land-Vogt deß Kaisers Diocletiani, wie Baronius erzehlt A. 749. Agape, Chionia, und Irena haben GOTT ihr Jungfrauschafft verlobt / und auffgeopffert; Dulcitius war gegen disen in ungebührender Lieb entzündet / brache derowegen bei nachtlicher Weil / mit allen Gewalt in ihre Behausung / allwo sie würcklich in Andacht / und Betrachtung begriffen / er underdessen gantz rasent kombt in die Kuchl / wird von GOtt dergestalten verblendt / daß er die Kessel / und Häfen für Jungfrauen angeschaut / laufft auff sie dar / umbfanget selbige / kusset / und halset sie / nicht anderst / als hätte er seinen verlangten Schatz in Armben / er wuste nicht / daß er in der Kuchel / sondern glaubte er seie in der Kammer; er glaubte / er seie bei der Anna, nicht bei der Pfanne / kunte auch fast kein End machen ohne Liebkosen / und Kussen / also / daß er wie ein lebendiger Teufel wegen Rueß / und Schwärtze ausgesehen; unterdessen verharreten die HH. Jungfrauen in ihrem Gebett / als nun der Tag angebrochen / und die Morgenröthe den Erdboden beglantzet / auch mein sauberer (scilicet) Dulcitius den Weeg nach Hauß genommen / ist er unterweegs von männiglich für einen Narren gehalten worden; und blibe bei disen nicht allein / sondern sie haben ihn mit Brüglen wol abgesalbet / biß er endlich den Spiegel umb Rath gefragt / welcher dann ihme ohne einiges Schmeichlen die Warheit gezeigt / daß ihne sein bethörte Lieb vor GOtt und der Welt zu einen Narren gemacht habe. O GOtt! wann solches Wunderwerck öffter geschehe / wie vil wurde es schwartze Larven absetzen.

Ein Geitziger Narr.

Daß die Geitzigen als Narren sollen gescholten werden / scheinet auß dem / weil GOtt ihnen selbst solchen Titul hat geben / wie Luc. c. 12. zu sehen / und zu lesen; alldort geschicht Meldung von einem reichen Gesellen / der vor Menge der Früchten nicht hat gewust / was er solle anfangen / dann die Scheuren oder Stadel waren ihme allzu eng / hat ihme derentwegen solcher Phantast bei der Nacht selbst den Schlaff gebrochen / da unterdessen ein Armer hätte ohne Sorg fortgeschlaffen: wie erst-gedachter Reiche in mitten der Grillen / und Mucken gewesen / da kombt ein Stimm von GOtt / und heist ihn ein Narren / Stulte, etc. du Narr / und thorechter Mensch / noch dise Nacht wird die Seel von dir gefordert werden / et quae parasti, cujus erunt? Das Geld und Gut / so du zusammen geraspelt / wer wird es bekommen?

O Narr über alle Narren! Der reiche Prasser hat ihme selbst gute Tag angethan / hat die gantze Zeit stattliche Panquet gehalten / die vier Elementen seind ihme stäts zu Diensten gewest / der Lufft spendierte das Feder-Wildprät / die Erd gabe ihm von allerlei Thier / und Früchten / das Wasser versehe ihn mit Fischen / das Feuer muste immerzu sieden und braten / Essen und Trincken / und anders guts Leben / hat ihme sein Vatter zum Heurath-Gut geben / recepisti bona in vita tua, etc. bei ihme war alle Tag ein Fest-Tag / und Freß-Tag / endlich und endlich ist er freilich wol zum Teufel gefahren / und in der Höll begraben worden / requiescat in pice: Aber du bethörter Geitz-Halß thust dir gar keine gute Täg an / du frissest mehrer Kummernuß / als Hasel-Nuß; du küfflest mehrer Mangel-Kern / als Mandel-Kern; du sauffest mehrer Trübs als Liebs / und fahrest dennoch zum Teuffel; du hast ein zeitliche und ein ewige Höll! O Narr! Es seie Sommer oder Winter / so fahrest du in Schellen-Schlitten zum Teuffel.

Magdalena die H. Büsserin hat mit ihrer Allabaster-Büchsen GOtt wolgefallen / und darmit den Himmel erworben / du aber mit deiner Sparr-Büchsen verdienst nichts anders / als die Höll. Die H. Ascla mit ihrem Fasten / und Leiden / der H. Asidius mit seinem Fasten / und Leiden / der H. Assentius mit seinem Fasten / und Leiden haben die Seeligkeit erhalten; aber ein solcher Asinus wie du bist / mit seinem Fasten / und Leiden procurieret ihme selbst die Höll. O Narr!

Quae parasti, cujus erunt? Ei so sparr / du Narr? du bist in dem Fall nicht ungleich den Ameisen / welche den gantzen Sommer hindurch mit gröster Arbeit / und Sorgen zusammen samblen / nachdem sie endlich fast mit einem Uberfluß versehen / da kommet ein großkopffeter Beer / und verzehrst alles dises auff einmahl: du geitziger Gesell in der Höll / was du mit vilen Sorgen und Borgen / was du mit vilen Lauffen und Schnauffen / was du mit vilen Fleiß und Schweiß zusammen gesparrt / da kombt ein Beer / ich darff wol sagen gar ein Bernheuter / dein Sohn / oder Erb / der verzehrt alles / zerstörst alles. O Narr / ziehe die Schellen-Kappen herunter / damit du besser hören kanst / was der H. Valerianus redet Hom. 20. Stultitiae genus est, aliis fecisse lucrum, et sibi parasse supplicium.[2]

Lucae am 13. Cap. ist zu lesen / wie daß der HErr ein Weib hat gesund gemacht / welche einen gar elenden Zustand gehabt / und zwar selben hat sie bekommen vom bösen Feind / non poterat sursum respicere: 18. gantzer Jahr ware sie dergestalten mit dem Leib zusammen gebogen / daß sie niemahl kunte in die Höhe schauen / sondern nur allzeit auff die Erden. Dergleichen Zustand haben wol mehrer Leuth / die ein gantze Zeit nie den Himmel anschauen / noch weniger denselben betrachten / sondern alle ihre Gedancken seind auff der Erden / und das Irrdische: Ein gelbe und weisse Erden; was ist Gold und Silber anders? Ist der einige Zweck / und Absehen ihres Hertzens; ja einige seind dergestalten bethört / daß sie umb ein schlechtes Geld sich gar dem bösen Feind verschreiben / der Seelen Seeligkeit in die Schantz schlagen: vil seind / die wegen eines kleinen Verlust sich gar hencken oder ertrencken; sollen dann dise nit Narren sein? die geitzige Narren werden nicht allein ewig gestrafft / sondern offt auch zeitlich / wie folgendes zu sehen.

Ein vornehmer Cavallier ware neben andern adelichen Tugenden absonderlich freigebig / forderist aber gegen den Armen / und Bedürfftigen / deren er keine ohne sondere Beihülff von sich gelassen; entgegen aber ware sein Cammer-Diener über alle massen dem

---

[2] Narrheit bedeutet es, andren Gewinn zu verschaffen und Not für sich selbst zu behalten.

Geitz ergeben / auch so gar musten die jenige / so was von dem Gnädigen Herrn empfangen / ihme spendiren / und meisten Theil die Helffte; das hat ein arglistiger Gesell in Erfahrnuß gebracht / und weil er zu dem Gnädigen Herrn nicht kunte gelangen / ausser / er verspreche dem interessierten Cammer-Diener den halben Theil von dem / was er wurde bekommen / also hat er gar gern solches verheissen und zugesagt; nachdem er nun ein reichliche Beisteur von dem Cavallier erhalten / da hat er anbei umb ein andere Gnad gebetten / und zwar umb ein Maultaschen / die er zur Gedächtnuß gar gern von einer so freigebigen Hand ertragen wolle; solches hat Anfangs der Cavallier auff alle Weiß geweigert / endlich nach so villen und inständigen Bitten ihme ein kleine und fast nicht empfindliche geben / so mehrer einem Schertz gleich gesehen: als diser nach villen Dancksagen abgewichen / da ist alsobald der Geldgierige Cammer-Diener über ihn / und verlangt die Helffte was er empfangen: alsobald war die Antwort / alsobald / und gibt zugleich dem Geitzhalß ein solche Maultaschen / daß er die gantze Stiegen hinunter gefallen / welches Getöß verursacht daß auch der Cavallier auß seinem Zimmer geloffen / die Ursach dessen alles befragt / deme aber diser die Sach nach allen Umbständen erzehlt / wie daß er nicht habe können vorkommen / er habe dann dem Cammer-Diener den halben Theil versprochen / was er von dero freigebigen Hand werde bekommen / weil er nun Geld / und ein Maul-Taschen empfangen / also habe er mit ihme getheilt / das Geld für sich behalten / und die Maul-Taschen ihme eingehändiget: welches der Cavallier diesem Geitzhalß gar wol vergonnt / und noch hierüber denselben seines Diensts entlassen.

Ein Zorniger Narr.

Der jüngere Tobias auß Befelch deß Engels Raphaël fangt einen Fisch in dem Fluß Tigris, nimbt auß demselben das Hertz / die Leber / und die Gall / als lautter Sachen / die gut zur Artznei seind / wie er dann bald hernach mit der Gall die Augen seines Blinden Vatters bestrichen / worvon er widerumb das gewünschte Gesicht überkommen. Tob. c. 11. Dise Fisch-Gall ist gut und nutzlich gewest / entgegen aber die Gall deß Menschen ist über alle massen schädlich / zumahlen selbige nicht das Liecht bringt wie dem Tobiae, sondern nimbt das Liecht deß Verstands / und macht den Menschen gar zu einem Narren / wie es dann der Weise Seneca bezeugt: ubi multa iracundia, ibi multa insania.

Ein Zorniger und alle Narrn
Zusammen g'hörn auff einen Karn.

Der Prophet Jonas, nachdeme er auß seiner schwimmenden Herberg entrunnen / hat sich eilendts nacher Ninive begeben / alldorten den Untergang der gantzen Statt angekündt / und geprediget / nach solchem hat er die Statt verlassen / und sich gegen hinüber retirirt / alldort ist alsobald ein Kürbes auffgewachsen / dessen breitte Blätter ihme gar einen annemblichen Schatten gemacht / worüber er sich nicht ein wenig erfreuet / nicht lang hernach ist der Kürbes durch ein Würmel angebissen worden / und folgsamb verdorrt: welches dann den Jonas in ein solche Cholera und Zorn gebracht / daß er ihme dererthalben den Todt gewuntschen: das ware dazumalen ein grosses Narren-Stuck / wegen eines Kürbes den Todt wüntschen / als seie mehrer gelegen an einem Kürbes / als am Leben / dahero ihm GOtt einen Verweiß geben / und gesagt / meinst du dann / daß du wegen deß Kürbes mit Fueg zörnest? Jon. c. 4.

Wenceslaus König in Böhmen hat sich über seinen Mund-Koch dergestalten erzörnt / umb weil er ihme einen Cappauner nicht recht gebratten / daß er denselbigen hat lassen lebendig an Bratt-Spiß stecken / umbtreiben / und mit eignen Blut begiessen.

Otto Antonius Graff von Monferat, da ihne sein Knab bei unrechter Zeit auffgeweckt / hat lassen denselben in ein gepichtes / und mit Schweffel übergossenes Tuch lebendig einnähen / und anzünden / daß er also wie ein Fackel verbrunnen.

Bajazeth der Türckische Kaiser hatte in seinem Garten ein liebes Bäumlein / daran 3. Äpffel gehangen / welche einer auß dreien seiner Edel-Knaben abgerissen / worüber er sich dermassen erzörnt / daß er befohlen allen dreien den Leib auffzuschneiden / und solchen Raub zu suchen / so auch wär geschehen / woferrn man sie nicht bei dem Ersten in seinem Magen hette gefunden.

Ein grösserers Narrenstuck ist aber / wann man sich über ein Sach erzörnt / so da kein Leben noch weniger ein Vernunfft hat. Cyrus der Persianische König hat über den Welt-berühmten Fluß Ginden / weil in demselben sein lieber Schimmel ertruncken / sich dergestalten erzörnt / daß er denselben in 380. Armb hat lassen zertheilen. Der König Xerxes hat ein solchen Zorn gefast über den engen Meer-Schlund deß Aegeischen Meers / daß er demselben hat lassen 300. Streich geben / in so gar Fußeisen in denselben geworffen. Caligula hat wegen deß trüben Wetters sich gar über seinen vermeinten Gott Jupiter erzörnt / denselben gar außgefordert / und zugeschrien / aut tolle me, aut ego te, entweders must du mir / oder ich dir den Halß brechen. O Narr über alle Narren!

In einer Statt in Teutschland / welche wegen der Kauffmannschafft sehr berühmbt / war ein Barbierer / sonst eines ehrlichen Wandels / und in seiner Kunst wohlerfahren / allein hat er einen Mangel an der Red / und thätte mit der Zungen Kacketzen; zu disem kamme auff ein Zeit einer / der ebenfalls mit der Zungen angestossen / ohnwissend / daß der Barbierer einen dergleichen natürlichen Fehler hette / sagte also: Bon, Bon, Bona dies, ich wolt mich gern lassen bu / bu / butzen: der Barbier sahe ihn an / wuste vor Zorn nicht zu antworten / sagt endlich / du spo / spo / spottest mich / er sagt / ich spo / spo spott dich nicht / I / I wolt mi / mich gern la / lassen bu / bu / butzen: dises gienge ein gute Weil also fort / biß endlich der Barbierer in solchen Harnisch gerathen / und sich dergestalten erzörnt / daß er ihme das Barbier-Beck an Kopff geworffen / und darauff mit einem dicken Stulfuß dergestalten abgebrüglet / daß / wofern die Leuth nicht hätten abgewehret / er denselben gar zu todt hätte geschlagen; dem Barbierer aber hat solcher Zorn dergestalten geschadet / daß er hierüber etliche Wochen hat müssen das Beth hüten / und ist kümmerlich mit dem Leben darvon kommen. Dahero sagt Job: Virum stultum interficit iracundia.

Ein Versoffener Narr.

Der weise Salomon liesse einest dise Wort hören Eccles. c. 2. v. 3. Cogitavi in Corde meo abstrahere a Vino Carnem meam, ut animum transferrem ad Sapientiam, devitaremque *Stultitiam*. Ich gedachte in meinem Hertzen / mein Fleisch vom Wein zuenthalten / und mein Gemüth auff die Weißheit zu wenden / und die Thorrheit zuvermeiden. Auß welchen Worten klar und sattsamb erhellet / daß die Leuth durch das unmässige Sauffen zu Narren werden. Faber in Auctario schreibt / daß ein vornehmer Herr einen einfältigen Narren zu seiner Unterhaltung habe gehabt; diser Herr hat sich einmahl bei einer Mahlzeit dergestalten überweint / daß er frühe Morgens seinem Jodl sehr den Kopff geklagt / worauff der Lapp geantwortet / Herrl thue Hunds-Haar aufflegen / das ist / thue heut wider einen Rausch trincken: der Herr folgt; deß andern Tags aber klagte er sein Capital noch hefftiger; deß Jodels Rath-Schlag ware widerumb / er solle mehrmahlen steiff sauffen: was / sagt der Herr / was wird aber endlich darauß werden? Endlich spricht der Jodl / wirst du ein Narr werden / wie ich: wol getroffen. Weil Holofernes der Kriegs-Fürst sich rauschig / und vollgesoffen / dessentwegen hat er durch die Judith den Kopff verlohren; die mehriste Leuth aber / ob sie schon durch das Sauffen nicht umb den Kopff kommen / so verliehren sie doch wenigist das jenige / was im Kopff ist / nemblich den Verstand; nicht übel sagt der Poët:

> Der Trunckenheit drei S. S. S.
> Merckts wol / und nicht vergeß /
> Sünd / Schand / Schad sie bedeuten.
> Flieh sie zu allen Zeiten.

Die Trunckenheit ist ein Sünd / zumahlen der H. Paulus in der 1 Epistel zu den Corinth. c. 6. schreibt / neque Ebriosi Regnum Dei possidebunt: noch die Truncken-Boltzen werden das Reich GOttes besitzen: die Trunckenheit ist ein Schand: dann beschau du mir einen vollen Zapffen: Erstlich hat er ein Gesicht wie ein Preussisch Leder / dort ist Bacchus natürlich in Kopfferstich getroffen: die Nasen tröpflet wie ein zerlexter Schleiff-Kübel / die Augen verkehrt er wie ein abgestochener Bock; das Maul seiffert / wie ein schmutziger Feimb-Leffel: die Zung ist erstarret / wie ein Nudel-Walcker;

die Stimm bommert / wie ein alte Regiments-Trommel; die Füß gehen / wie ein Garn-Haspel; die Geberden seind also beschaffen / daß er von jedermann für einen Narren auß gelachet wird. Die Trunckenheit ist ein Schad / dann sie frist und verzehrt die Mittel. Herodes weil er sich voll gesoffen / hat umb einen Tantz eines hupffenden Gründschüpels ein halbes Königreich dargebotten / ware das nit ein Narrenstuck? Ein anderer hat all sein Haab und Gut versoffen / gleichwol noch bei der Nacht an statt der Inslet / Wachs-Kertzen gebrennet / als solches ein anderer gesehen / sagt er / mein Bruder / weil du Wachs-Kertzen auff deiner Tafel brennest / so glaub ich / du hattest Exequien oder Besingnuß deiner verstorbenen Gütter. Die Trunckenheit ist auch ein Schad dem Leib / dann die Gesundheit öffter Schiffbruch leidet im Wein als im Wasser / darumb ein Grabschrifft allhier zu Wienn einem Heer-Baucker gemacht worden / welcher durch 30. gantzer Jahr alle Tag rauschig gewest / anbei sehr starck am Podagra gelitten.

Heic est compostus Fridericus tympana bombus.
Moribus et tota Vita mirabilis hospes,
Annis triginta Solem non viderat unquam
Sobrius: Uxoris Podagrae crudelis amator.
3

Ein solcher Truncken-Bolt ware auch der Kaiser Tiberius, welcher derentwegen zum Schimpff Biberius genennt worden / wie dann von ihme der gelehrte Jacobus Balde also singt:

Tiberius Biberius.

3

Hier ein Heerpauker liegt gestreckt,
Der dreißig Jahr in seinem Leben
Dem Saufen also war ergeben,
Daß er zu früh niemals erweckt
Die Sonne nüchtern hat erblicket,
Bis ihn das Zipperlein geschicket
In dieses finstre Totenhaus,
Den langen Rausch zu schlafen aus.
•
• (Nach der Ausgabe von 1707.)

Ein guter nasser Bruder /
Ohn Unterlaß beim Zapffen saß /
Pfui Teuffel! stets im Luder.

Auff gleichen Leist war geschlagen auch jener Weinschlauch / welcher keinen Tag unterlassen / da er nicht bei seinen Bekannten gesoffen / und zwar meistens umbsonst: als er einmahl zu einem kame / deme er allzu überlästig / so befahle derselbe Hauß-Wirth / man solle mit dem Essen warten; als es disem zu lang wehren wolte und sein Weingurgel fast vor lauter Durst gestaubt / da fragt er / ist es dann nicht Essens-Zeit? Noch nicht / sagt der Hauß-Herr / wann du aber wirst hinweck sein / da wohl: diser Weinschlauch wegen deß stäten Sauffens bekame einen solchen gesaltzenen Fluß an dem rechten Aug / daß ihme der Artzt gesagt / wofern er sich hinfüran nicht werde deß Sauffens mässigen / so komme er unfehlbar umb das Aug: worauff der Kandel-Bruder versetzt / es ist besser / daß ich ein Fenster verliehre / als das gantze Gebäu: das war ein versoffener Narr.

Ein Fauler Narr.

Pfui Teufel wie stinckts! Lazarus nach Aussag Marthae, hat gestuncken / aber nicht so sehr: der Misthauffen / wo der gedultige Job gesessen / hat gestuncken / aber nicht so sehr / als da stinckt ein stinckfauler Mensch / und solcher wird ebenfahls / vermög Heil. Schrifft / unter die Narren gezehlt: per agrum pigri hominis transivi, et per Vineam Viri *Stulti*. Proverb. c. 24. v. 30. Pfui Teuffel! pfui Faulentzer / alle beede verdienen das Pfui / seind auch meistens beieinander. Dahero in dem Gerasener Land der Heiland auß einem besessenen Menschen 6666. Teufel außgetriben; bevor aber dise verdambte Larven die Herberg quittiert / haben sie umb die Erlaubnuß gebetten / daß sie doch kunten in die nechste Heerd Schwein fahren / welches auch erlaubt worden; aber / warumb in die Schwein? Warumb nicht in die Esel? Dise seind gleichwol Astrologi, und kan man auß der Bewegung ihrer Ohren wahrnehmen / was für ein Wetter sein wird: Warumb nicht in die Pferdt? Ein Pferdt wird so gar unter die Himmels-Thier oder Gestirn gezahlt / und heist Pegasus: Warumb nicht in die Ochsen? Ein Ochs hat dannoch die Ehr gehabt / daß GOttes Sohn und er eine Wohnung gehabt: Die Teuffel haben kurtzumb in die Schwein begehrt; dann kein Thier ist dem Faullentzen also ergeben / wie die Schwein / dann ihr gantzes Leben bestehet nur in Fressen / Naschen / Ligen / Schnarchen / Gronen / etc. Andere lasterhaffte Leuth haben nur einen und anderen Teufel / der Faullentzer aber ein gantze Legion. Die Beeren zur Zeit Elisaei haben zu Bethel sehr grossen Schaden gemacht / indeme sie dero Innwohner kleine Knaben also erbärmlich zerrissen! aber ein Beeren-Haut / verstehe die Faulkeit / und Müssiggang fügt dem Menschen weit grösseren Schaden zu. Einer sagte einmahl zu einem Kahl-Kopff / pfui Kerl / dein Kopff ist nicht ein Haar werth / schau wie ich so lange Haar hab: das ist leicht / antwortet der Kahl-Kopff / dann wo ein fauler Grund ist / da wachst mehr Graß: Entgegen sag ich / wo ein fauler Mensch ist / dort wachst mehrer Unkraut; neben allem dem / daß die Faulkeit ein fruchtbare Mutter ist aller Laster / so hat sie auch diß zum besten / daß sie ein gute Holtzhackerin abgibt / machet aber nichts anderes / als lauter Stab / will sagen Bettelstab / dann der Müssiggang ist meistens der Mitteln Abgang / qui sectatur otium, replebitur egestate. Proverb. c. 28. Dahero jener Vatter seinen Sohn auff ein Zeit mit einem Brügl sehr abgeböglet / wessenthalben der Sohn sich wehemütig beklagt / warumb er mit ihme so hart verfahre? indem er doch nichts gethan: Eben dessentwegen sagt der Vatter / thue ich dich also wacker abknifflen / weil du nichts gethan / dann du hättest sollen etwas thun / und nicht also faullentzen: diser ware ein lobwürdiger Vatter / dann kein bessere Music ist / als wo der Vatter ein solchen Tact gibt.

Daß die Mäuß von Ratzen kommen / hab ich mein Lebtag nie gehört / du hast es auch nicht gehört / ein anderer hat es auch nicht gehört / und ist gleichwol die Warheit: der immerzu schlafft wie ein Ratz / und der stäts dem Müssiggang ergeben / ein solcher wird unfählbar ein Mauß werden / ein Mauser gar gewiß / welches so vil will sagen / als ein Dieb / dann er kan sich sonst nicht anderst erhalten.

Jener im Evangelio, wie er in die Noth gerathen / sagte selbst fodere non valeo, graben und arbeiten kan ich nicht / du köntest freilich / wann du nur wolltest / mendicare erubesco, zum Bettlen schamme ich michs / etc. was ist endlich darauß erfolgt? Partiten hat er gemacht / und ist ein Dieb worden / die gantze Ursach dessen ware / weil er nicht wolte arbeiten / sondern faullentzen: die faule Phantasten wollen gar keine Adams-Kinder sein / indeme doch dem ersten Vatter Adam nach seiner Ubertrettung gesagt ist worden / in laboribus comedes, etc. mit viler Arbeit solst du dein Speiß von der Erden haben. Genes. c. 3. Wer folgsamb nicht arbeitet / soll nichts zu essen haben. In disem Fall hat sehr weißlich gehandlet der Cardinal Angellotus, dann er einest hat lassen das gewöhnliche Zeichen mit dem Glöckl zum Auffwartten geben / darbei aber wenig Bediente erschinen / also hat er nachgehende lassen zum Mittag-Essen das Glöckl mit einem Fuchs-Schweiff schlagen / welches dann die wenigste gehört / wordurch dann geschehen / daß nur einer und der ander zum Essen kommen / die mehriste alle ungespeister gebliben. Volat. L. 23. Antroph. Arbeiten bringt Brod / Faulentzen bringt Noth.

Mancher lamentiert / diser und diser / sagt er / stehet so wol / bei ihme ist der Mondschein allezeit im Auffnemmen / bei mir aber immerzu im Abnemmen; er saufft ein guten Nußdorffer / ich aber ein frischen Brunner; er frist offt Indianer / ich aber kümmerlich Knödlianer; ihme thut man auffsetzen Artischocken / mir aber schwartze Nocken; er hat ein eignes Hauß / ich zwar auch / aber wie ein Schneck trag es allzeit auff dem Buckel; er schreibt sich von Weingarten / ich mich von Wasserburg. Lenzophile wilst du wissen die Ursach / er war in seiner Jugend sehr embsig / fleissig / und arbeitsamb / darumb stehet er anjetzo so gut; du aber bist allzeit ein fauler Narr gewest / hast vermeint / du seiest ein Holtzbirren Arth / so erst im Ligen zeitig werden. Ein solcher ist gewest einer mit Namen Hieronymus Nothleider / sonst von reichen Eltern gebürtig / diser hat das Seinige durch den stätten Müssiggang / und stinckfaulen Wandel völlig ahn worden; als ihme bei nächtlicher Weil die Dieb eingestigen / und er solches vermerckt / da sagte er unerschrockener zu ihnen / ihr Phantasten / was sucht ihr hier in meinem Hauß bei der Nacht / indem ich beim hell-liechten Tag nichts darinnen finde? Ist dahero noch war / und bleibet war / qui sectatur otiurn, replebitur egestate. Proverb. cap. 28.

Ein Verlogner Narr.

Die Zahl diser Narren ist über alle massen groß / ihr Zechmeister und Ober-Haupt ist der Teuffel selbst / welcher ein Vatter der Lugen genannt wird: der Lugen aber seind sehr unterschidlich / etliche die in Duodez eingebunden / etliche in Octav, in Quarto, welche aber in Folio, solche seind gar abscheulich. Folianten seind jene Männer gewest / welche Moyses in das Land Canaan geschickt hat / dasselbe zu besichtigen / und außzuspähen / nachdem solche wider zuruck kommen / da haben sie alle ausser Caleb, und Josue erbärmlich auffgeschnitten / ja / sagten sie / das Land ist wol edel / und fruchtbar / aber grausame / und ungeheurige Leuth gibts darinn / Leuth und Männer seind daselbst einer solchen Grösse / daß wir gegen ihnen wie die Heuschrecken außsehen. Num. c. 13. Das heist Auffgeschnitten.

Die Lug hat ihren Ursprung von Paradeiß / dort hat der böse Feind auß der Schlangen zwei batzige Lugen geschmidet: die Erste bestunde in dem Nequaquam, etc. mit nichten werdet ihr deß Todts sterben; die Andere / eritis sicut Dii, ihr werdet sein wie die Götter / etc. Hier ist ein Lug so gesichtig / und so gewichtig wie die andere. Die Eva thätte dazumahl nicht weniger auffschneiden / dann erstlich sagte sie / GOTT hat uns gebotten / wir sollen von disem Baum nicht essen / das ist S. V. eine / dann GOTT nur dem Adam das Gebott geben; ne tangeremus, etc. wir sollen den Baum gar nicht anrühren / das ist schon mehr eine / dann GOtt von Anrühren kein Meldung gethan; ne forte moriamur, etc. daß wir villeicht nicht sterben: Holla! das ist die Dritte / dann GOTT hat das Wörtl villeicht / gar nicht geredt: Von diser Zeit an / da unser erste Mutter also auffgeschnitten / schlagen die Menschen meistentheils nach der Mutter; wenig wenig werden gefunden / die also beschaffen seind / wie der H. Thomas von Aquin; als solcher einstens mit seinem Gespan spatzieren gangen / da kam der Gspan gähe mit diser Lug herauß / ecce Pater, schaut Pater da fliegt ein Ochs: worauff der H. Mann in die Höhe geschaut / sprechend / wo? wo? Der Gespann lachte ihm die Haut voll an / und sagt / ich hab euch für einen so grossen Doctor gehalten / und jetzt glaubt ihr / daß ein Ochs fliegen kan: O mein Frater, gab der H. Thomas, die Antwort / mein Frater, ich hab ehender glaubt / das ein Ochs könne fliegen /

als ein Religios liegen. Wenig wenig findt man in der Welt / die also beschaffen seind wie der fromme Loth, bei deme 2. Engel in Gestalt der Frembdlingen die Herberg genommen; als aber bei nächtlicher Weil das Gottlose Volck dise zwei Jüngling mit allem Gewalt gesucht / da hat er es alsobald bestanden / daß sie bei ihme sein / hat es gantz und gar nicht geleugnet / er hette freilich wol können vorgeben / daß sie ihren Weeg haben weiter genommen / ja ein anderer thätte derentwegen dem Teuffel ein Ohr abschwören / daß dergleichen Leuth sein Hauß nie betretten / aber Loth auch in der grösten Gefahr seines Lebens wolte die mindeste Lug nit thun.

Jene Soldaten bei dem Grab deß HErrn / umb weilen ihnen die Juden wacker gespendiert / haben ein unverschambte Lug auff die Bahn gebracht daß nemblich die Jünger hätten den Leichnamb gestohlen / da sie unterdessen erfahren / daß er warhafftig von Todten aufferstanden: dise Gesellen haben umbs Geld gelogen; es seind aber einige so leichtsinnig / daß sie umbsonst / und umb nichts / als wäre es gar kein Sünd / die grösten Lugen aneinander knöpffen / ja sie halten es für ein Kunst / und wol anständige Manier / wann sie zur Vertreibung der Zeit / und zu Erweckung eines ungezähmten Gelächters wacker / und fast ohne Zahl / und ohne Zihl können auffschneiden / dencken aber nicht / was die Göttliche Schrifft sagt: Proverb. c. 12. Abominatio est Domino labia mendacia. Lugenhaffte Mäuler seind GOtt dem HErrn ein Greul.

Ein solcher unverschambter Auffschneider war jener der bei öffentlicher Taffel sich in Gegenwarth ehrlicher Leuth hat verlauten lassen / daß es ihme selbst widerfahren / als er einsmahls mit seinem Herrn neben einem Fluß geritten / und ein groß Fisch-Garn voller Fisch darin gesehen habe / und weil ihn so sehr nach den Fischen gelüstet / habe er das Pferd ins Wasser gesprengt / seie aber von einem grossen Fisch mit Pferd / und Sattel verschlucket worden; disen Fisch haben etliche Fischer lange Zeit hernach gefangen / und wie sie ihn auffgehauen und den Kopff zerspalten / seie er dem Fisch im Kopff noch in voller Rüstung zu Pferd gesessen / und habe dem Pferd die Sporen gegeben / daß er frisch und gesund zu seinem Herrn geritten / und demselben erzehlt habe / wie es ihm bißher ergangen seie. Unter andern war auch einer gewest / der vorgebracht / daß er vor zwei Jahren zu Constantinopel sich befunden / allwo dazumahl der Groß-Sultan das herrliche Zeug-

Hauß visitiert / und weil einige Fähler darinn beobacht worden / und der dazumal gegenwärtige Groß-Vezier solche Nachlässigkeit nicht genugsamb kunte entschuldigen / also habe ihm der Sultan ein solche Ohrfeigen versetzt / daß ihme das Feuer auß den Augen gesprungen / darvon auch ein Funcken in das nechste Pulver-Faß gefallen / worvon das gantze Zeug-Hauß im Rauch auffgangen / und seie der Groß-Sultan kümmerlich mit dem Leben darvon kommen. Ei so lieg / daß dir das Maul erkrumpe! Dergleichen verlogene Narren werden schon erfahren wie theur sie solche Lugen werden müssen bezahlen.

Ein Forchtsamber Narr.

Die Zahl diser wunderlichen Gesellen ist sehr groß / wer sie zehlen will / der hat schon zuthun. Der wackere Kriegs-Fürst Gedeon hat sich selbsten müssen verwundern / daß unter seiner Armee, die er wider die Machaniter außgeführt / sovil Lettfeigen sich eingefunden; dann wie er auß Befehl GOttes außruffen lassen / qui formidolosus et timidus est, etc. Judic. c. 7. Wer zaghafft und forchtsamb ist / der kehre wider umb; worauff alsobald zwei und zwaintzig tausend Mann nacher Hauß gangen / lauter Haasen-Hertz / und forchtsambe Narren.

Hertzfeld ist ein schönes Orth in dem Hertzogthumb Brehmen; Hertzberg ist ein Fürstliches Geschloß / unweit der Stadt Osteroda; aber nicht ein jeder schreibt sich von disen zweien Orthen / dann gar vil da und dort anzutreffen / so kein Hertz haben. Mehrer aber / und weit mehrer schreiben sich von Forchheimb / ein Stadt zwischen Bamberg / und Nürnberg: O was forchtsambe Leuth findet man zu aller Zeit.

Heliogabalus der sonst stoltze Kaiser ware so forchtsamb / daß er wegen Anruckung deß Feinds sich mit seiner Mutter in ein heimbliches Gemach verschlossen / auch daselbst elend umbs Leben kommen; zwar für ein solche Nasen gehört kein anderer Balsam.

Aristogiton ein vornehmer Edelmann von Athen, einer sonderbarer Leibs-Stärcke / diser pralte immerzu / wie daß er ihme traue ein gantze Armee zu Schanden machen / seiner Aussag nach ein solcher Eisenbeisser / daß er einen geharnischten Mann wie einen Flederwüsch wolle in die Höhe werffen; als er aber sambt anderen hat sollen ins Feld ziehen / da hat er gleich alle beede Füß verbunden / und offentlich daher gehuncken / wie ein Hund der in der Kuchel durch einen Schier-Hacken den Abschid bekommen.

Caligula ein solcher unerschrockener Held (scilicet) welcher bei dem Donners-Wetter nicht anders gezittert / als wie ein Schweinene Sultz / auch sich unter das Beth salviert / und beede Ohren zugestopffet.

Es gibt noch forchtsamere Narren / als dise gewest / ja nicht wenig / so sich gar vor ihren eignen Schatten offt förchten. Es seind vor wenig Jahren einige bei nächtlicher Weil zur Winters-Zeit in einem Zimmer gewest; unwissend ihrer hat ein Knab zwei Äpffel in das Ofen-Rohr gelegt zu braten / welche dann ungefehr angefangen zu pfeiffen / und zu schmudern / worüber einer den andern angeschaut / alle erbleicht / endlich wolt ein jeder der Erste bei der Thür sein / der Meinung alle / daß es ein Gespenst seie. O forchtsambe Narren!

Ein Handwercks-Bürschel ist von Wienn nacher Neustatt gereist / als er unweit einer Mühl gewest / so ins gemein die Teufels-Mühl genennt wird / und bei sich gedenckt / er habe einmahl gehört / daß an disem Orth ein lebendiger Teuffel umbgehe (so aber deme nicht also) fast hierüber erschrocken / weil es sehr Abends ware / daß er angefangen zu lauffen / und weil er vorhin umb etliche Kreutzer Nuß in den Sack geschoben / der Sack aber zerrissen gewest / also ist ihme ein Nuß nach der andern auff die Fersen gefallen / dardurch er gäntzlich vermeint / es trätte ihm der Schwartze schon auff die Füß / ist endlich dergestalten geloffen / und also matt worden / daß er zu Boden gefallen / und geschrien / Teufel holst mich / oder holst mich nicht / ich kan warhafftig nicht mehr lauffen. O Narr!

Ich weiß selbsten ein Orth / wo sich folgende lächerliche Geschicht ereignet. Nachdem ein ehrlicher Mann mit Todt abgangen / auch nach Gebühr zur Erden bestattet worden / da hat man hernach / wie gewöhnlich / die Besingnuß und Exequien gehalten / mit einem Hoch-Ampt / und Predig; weil aber der Meßner kein rechte Toden-Bahr hatte zum auffsetzen / also hat er einen Bach-Zuber an statt dero genommen / denselben mit dem Bahr-Tuch bedeckt / und folgsamb mit brennenden Kertzen / wie zu geschehen pflegt / nach Möglichkeit geziehrt; underdessen ist ein Hund unvermerckter Weiß under dises Todten-Gerüst kommen / und an dem Bach-Trog der erst den ersten Tag vorhero gebraucht worden / angefangen zu nagen / daß sich endlich der Bach-Trog bewegte: dem Prediger auff der Cantzel und andern Anwesenden war es nicht wol bei der Sach / alle dise wusten nichts von dem Hund; endlich das allzu starcke Nagen deß Hunds hat gemacht / daß die Todten-Bahr / sambt allen Leuchtern zu Boden gefallen / welches dann den Prediger von der Cantzl / die Leuth alle auß der Kirchen getriben / ihnen den grösten Schrocken eingejagt / weil sie vermeint haben / der Todte sei aufferstanden / und hab wollen protestiren über das Lob / so ihme der Prediger gegeben. O Narren!

Man wird einige Haasen-Hertz finden / die bei der Nacht nicht können allein ligen; andere trauen ihnen nicht einmahl die Hand auß dem Beth zu recken; andere erschröcken / wann sie nur ein Mauß hören / wann nur ein Bret kracht / ein jeden Block und Stock sehen sie für einen Bau / Bau / oder Gespenst an. O forchtsambe Narren! Wer ist Ursach diser euer Zaghafftigkeit? Niemand anders / als das böse Gewissen / mala conscientia pavidum facit et timidum, das üble Gewissen / sagt der H. Chrysostomus Hom. 8. ad Pop. das üble Gewissen machet / daß der Mensch zu allen Sachen zittert / und ein stätte Letfeigen abgibt. König Balthasar ein Sohn deß hochmütigen Nabuchodonosor hielte ein Mahlzeit / worbei Tausend seiner Obersten als Gäst erschinen; nachdem nun alles ziehrlich zugericht / und alle zimblich berauscht / und die sammentliche Anwesende in bösten Freuden- und Jubell-Schall waren / da hat der König wahr genommen / daß drei Finger von einer unsichtbaren Hand etwas auff die Wand geschriben / worüber er dergestalten erschrocken / daß er wie ein Wachs erbleicht / ja er zitterte also an dem gantzen Leib / daß die Knie stäts zusammen geschlagen. Dan. c. 5. Die meiste Umbstehende haben dem König dise gefaste Fausen wollen nemmen / ja einige waren / die es für etwas guts ausgelegt / aber Balthasar zitterte immerfort wie ein Espes Laub / und ist wenig abgangen / daß ihn nicht gar die Lebens-Geister verlassen; was hat ihme doch disen Schrocken also eingejagt? Was? Frag ein Weil! Es hats gemacht das böse Gewissen. Ein beleidigtes Gewissen verursacht / daß so vil forchtsame Narren in der Welt gefunden werden; entgegen aber ein gerechtes Gewissen ist ein Schild / ist ein Schutz / ist ein Schantz wider alles / und förchtet solches so gar den Teuffel nicht / sambt seinem Anhang.

Der H. Macarius hat auff ein Zeit sein Nacht-Lager genommen auff einem Fried-Hoff oder GOtts-Acker / und zugleich für ein Küß oder Haupt-Boltzer gebraucht einen Todten-Cörper / so daselbst gelegen / und deß andern Tags erst hat sollen begraben werden; wie die Teuffel solches ersehen / haben sie angefangen den Cörper zu bewögen / hierdurch dem Macario ein Forcht und Schrocken einzujagen / er aber der gerechte Mann stund auff / schüttelt gantz unverzagt den Cörper / sagend / stehe auff / wanns kanst / und gehe weiter etc. darüber der Teuffel alsobalden die Flucht genommen: Keiner förcht sich der ein gutes Gewissen hat vor disem Höll-Hund; dann bellen kan er wol / aber nicht beissen ohne sondern Willen GOttes.

Ein Hoffärtiger Narr.

Stultus, und Stoltz wachsen auff einem Holtz: Hart seind grössere Narren zu finden als die Stoltze / und Hoffärtige; der H. Paulus selbst / diser Tarsensische Prediger ist der Außsag / daß die jenige / so ihnen vil einbilden / lautter Narren seind / dicentes se Sapientes stulti facti sunt; ad Rom. c. 1. v. 22. Dergleichen Gesellen gibt es in der Welt ohnzahlbar vil. Zu Rom ist ein eignes Spital Alli Pazarelli genannt / wo lauter verruckte Köpff / umbkehrte Hirn / seltzambe Phantasten / wurmstichige Schädel / und einbilderische Narren zu finden seind: Dort wird einer sein / der ihm einbild / er habe ein gantzes Nest voller Spatzen im Kopff / die ihm Tag und Nacht ein stäthe Unruhe machen / und wolte sie gern auslassen / er förchte aber die Baurn möchten ihn dessentwegen zu todt schlagen / umb weil er ihnen solche Treid-Dieb außgebrüttet. Ein anderer sagt / er seie der H. Christophorus / und habe er nit nur einmahl unsern HErrn durch das Adriatische Meer getragen / es sei ihme aber der Eichbaum / den er an statt deß Stabs gebraucht / mitten entzwei gebrochen / dahero bitt er umb ein andern Baum / damit er in dergleichen Gelegenheit wider könne durchwatten. Der dritte wird vorgeben / er seie König in Calecut, und nächster Tagen wird er ein Flotta außschicken wider die Holländer / umb weilen selbe die Stockfisch unschuldiger Weiß köpffen / und also Kopffloß in andere Länder verbannisiren: Mehr wird sich einer finden / der ihm einbildet / sein Nasen seie von Wachs / und so er nur ein Feuer von weiten sieht / so zittert er am gantzen Leib; wann man ihme solte ein gantze Landtschafft schencken / so hielt er kein Nasenstüber auß: Ein anderer ist gewest / welcher kräfftig hat glaubt / daß er deß Teuffels sein Barbierer seie / dahero sich beklagt / daß sein Scherr-Messer nie mehrer Scharten bekomme / als wann er den Teuffel muß barbieren / so er in einer Sau-Gestalt ihm erscheine / etc. Tausendt dergleichen einbildische Gesellen seind allda zu finden / worzu die Forastierer / und reisende Leuth mehrmahls ein sonders Wollgefallen haben. Alle dise arme Tropffen haben hierdurch kein Sünd / sondern es ist vil mehrer mit ihnen ein Mittleiden zu haben / GOTT behütte einen jeden / daß er in dergleichen Phantasei nicht gerathe: Aber die jenige / so auß Antrib der Hoffart ihnen mehrer einbilden / als sie seind / dise seind die gröste Narren / und zwar ein Abscheuen in den Augen GOttes. Abominatio Domini est omnis arrogans. Proverb. c. 16.

Gantz schön hat der gecrönte Prophet gesprochen Homo cum in honore esset, non intellexit. Psal. 48. Der Mensch / da er in Ehren war / hat es nicht verstanden / etc. Das ist / sagt der H. Bernardus Epist. 237. Honor absorbuit intellectum, die Ehr hat ihme den Verstand genommen; das geschicht offt und aber offt. Sihest du Bruder Fidel denselben / der dorten im Wagen fahrt? Ja / ich sihe ihn / diser wird wol nicht / glaub du mir / den Hut rucken / dann die Ehr / zu dero er gelangt / hat ihm die Vernunfft verruckt / er kennt mich nicht mehr / oder besser geredt / er will mich nicht kennen ich weiß wol wer sein Vatter gewest.

Der Vatter machte bumble bum /
Gieng mit dem Schlegl umbs Faß herumb:

Sein Vatter war ein Küffler oder Binder / er hat geheissen Joseph Schneitzer / jetzt heist sein Sohn der Herr von Rotzberg / etc.

Schau Bruder Fidel, dort kniet eine in dem ersten Stuhl / sie hat einen rothsammeten Bücher-Sack vor ihr / sie bettet gewiß die Psalmos graduales, dann sie zimblich gestigen ist / der Tausende glaubt nicht / daß sie einer Kösten-Braterin Tochter seie; sie hat einen reichen Vettern geerbt / und folgsamb zu einer so vornehmen Heurath kommen / daß sie anjetzo Ihr Gnaden tituliert wird; dises alles gieng hin / dann GOtt wol öffter denen Leuthen die Gnad gibt / daß sie von der Nadel zum Adel kommen / auch ein jeder vergönt ihrs gar gern / wann sie nur zuruck dencket / wer sie gewesen ist / und andere nicht also verachtet / sie würdiget sich nicht einmahl mit einem gemeinen Menschen zu reden: Homo cum in honore esset non intellexit.

Einer ist theils durch Favor grosser Herren / theils auch wegen guter Qualiteten zu grosser Würde erhebt worden / und als ihme unter andern auch sein vorhin bekanntester Camerad hierzu Glück gewunschen / ich gratuliere Euer Gnaden / sagt er / von Hertzen zu diser hohen Würde / wünsche nichts anderst / als daß sie vil und lange Jahr mögen in bester Gesundheit ihrem Ambt vorstehen / mich anbei auch unter dero geringste Diener zu zehlen / ich / sagte der neugeborne Blasiuss, ich kenne ihn nicht; worauff der andere / ich heiß so und so / wir beede seind etliche Jahr miteinander gestanden / auch jederzeit die beste Brüder gewest; er widerumb / ich kenne ihn nicht; das hat dem andern dergestalten verdrossen / daß er alsobald sein Gratulation in ein Condolenz verkehrt / sagend / mir ist von Hertzen leid / daß Euer Gnaden in ein solches Unglück so unverhofft gerathen / ihren Verstand auff einmahl verlohren und umb die völlige Vernunfft kommen / dergestalten daß sie mich gar nicht mehr kennen / wolt wünschen / daß ich so potent wäre / und vermögte / daß ich ihnen kunte ein solche schädliche Geschwulst auß dem Hirn vertreiben / Adio.

Wann ich reich wäre / so thät ich einem solchen hoffärtigen Narrn einen Maintzerischen Ducaten schencken / worauff ein Rad zu sehen; dann Willegisus ein Ertz-Bischoff zu Maintz in seinem Pallast allenthalben hat lassen ein Rad mahlen / welches nachmahls auch auff die Müntz geprägt worden / sich dardurch zuerinneren / daß er von geringen Herkommen seye / und zwar eines Wagners Sohn.

Ein hoffärtiger Narr ist gewest Achitophel. 2. Reg. c. 17. Welcher bei denen Königlichen Printzen fast alles golten / und in grossem Ansehen gewest / nachdem aber auff ein Zeit sein Rath und Einschlag verworffen worden / den er dem Absalon geben / da hat sich der Narr dergestalten geschämbt / deß Glaubens / sein Reputation habe hierdurch die Schwindsucht bekommen / daß er alsobald nacher Hauß geeilet / ein Testament / und Richtigkeit gemachet / und nachgehende sich selbst erhencket. O Narr! disen hat die Ehr mehrer kitzlet / als der Strick.

Man sagt sonst / die Narren muß man mit Kolben lausen / aber GOtt selbst last die hoffärtige Narrn meistens zu Schanden werden. Das hat Anfangs gleich der Lucifer erfahren / weil er auß lauter Hochmuth wolte dem Allerhöchsten gleich sein; also ist auff dises Gloria in Excelsis, gleich das de profundis gefolgt / und ist er auß einem Engel ein Pengel worden; auß einem Himmel ein Limmel worden: auß einem Rösel ein Esel worden; auß einem Lambel ein Trampel worden; auß einem Führer ein Schmirer worden; auß einer Fackel ein Mackel worden; auß einem Wunder ein Blunder worden; auß einem Hui ein Pfui worden / darumb heist es pfui Teuffel. GOTT hat endlich nichts mehrere im Brauch / als daß er den

Dampff der Hoffart thue gemeiniglich dämpffen / und zu Schanden machen; auß unzahlbaren vilen / ist auch folgende Geschicht.

Zu Genua trug ein Baur ein zimbliche Bürde Holtz auff dem Rucken / selbe in der Stadt zuverkauffen / diser auff der Gassen / wie pflegt zu geschehen / schrie immerzu / Auff die Seiten / Auff die Seiten. Ein junger Stoltzhofer / der mit seinem Allemodi-Kleid daher prangte / als hätte ihn ein Pfau außgebrüttet / wolt dißfahls nicht weichen / der Meinung / es wäre wider seinen großgewichtigen Respect; der Baur aber geht immerzu den graden Weeg fort / und stost disen auffgebutzten Gassen-Engel in ein tieffes Kott hinein / daß er selbst zu disem Haasen im Pfeffer müste lachen. Mein hochadeliche Domination, wie er ihm eingebildet / hielte solches für einen höchststräfflichen Schimpff / dahero es unverzüglich dem Gericht angedeut / worbei der Baur alsobald muste erscheinen / als er nun befragt worden / warumb er dise freventliche That habe begangen? Hierzu sagt der Baur kein Wort / sondern stelte sich / als wär er stumm / und redloß / ja sein Antwort bestund in lauter Deuten; die Obrigkeit / in Bedenckung solcher Umbständen / wendet vor / daß sie hierinfahls dem Kläger kein Außrichtung können thun / umb weil der arme Mann stumm seie / und sich nicht könne verantworten; ja wol stumm / sagt diser Feder Hanß / hat sich wol stumm / der Baur ist ein Ertz-Schelm / hat er doch dazumahl / wie dises geschehen / können reden / ja gar laut schreien: was hat er dann / fragt der Richter / dazumahl geredt / Er / sagt diser Pompulus, hat geschrien / Auff die Seiten / Auff die Seiten. Wolan dann / sagt der Richter / so ist der arme Mann hiermit entschuldiget / auch frei und loß / warumb ist der Herr dem armen beladenen Tropffen nicht gewichen? Muste also diser sein Hoffart mit einer Scham-Röthe bezahlen / und nicht ohne Gelächter den Abtritt nehmen; auch sagten die mehreste / daß dem hoffärtigen Narren seie recht geschehen. Masenius in Speculo Imaginum.

Ein Grober Narr.

Ob Adam / nachdem er auß dem Paradeiß verjagt worden / und einen armen / und arbeitsamen Baurn muste abgeben / ob er damahls schon einen Schlegel habe gebraucht als thäte er Holtz klieben / ist mir / und vilen andern nicht bewust; aber wie sein ungerathner Sohn der Cain seinen Leiblichen Bruder Abel ermordt / und von dem Allmächtigen GOTT befragt worden / wo sein Bruder seie? Da gabe er dise Antwort: Nunquid custos Fratris mei sum ego? Bin ich dann meines Bruders Hüter? Diser war meines Erachtens der erste Schlegel / und zwar ein Grober / indem er dem Allerhöchsten GOtt ein so unhöffliche Antwort geben: Der Cain hat seines gleichen die Menge der Brüder / welche alle mit dem Titul als grobe Narren gezeichnet sein; under solchen hat fast den Vorzug der Nabal. 1. Reg. c. 25. Als denselben der David durch seine Bediente so höfflich ersuchen lassen umb einige Victualien, gestalten er sich in grosser Noth befunden / da hat diser Grobe und ungeschlachte Gesell gegen ihn ein Gesicht gemacht / als hätt er ein dutzet Holtzäpffel gefressen / auch endlich in dise grobe Wort ausgebrochen. Quis est David? Wer ist dann der David? Ei du grober Knospus! sollst du nicht den jenigen kennen / welchen gantz Israël so hoch und werth haltet? Der da ein so Herrliche / und nie erhörte Victori wider die Philistheer erhalten hat? Gar recht hat sich nachmahls die stattliche Dama Abigail dises Grobiani Gemahlin bei dem David entschuldiget / er wolle es doch nicht so hart zu Gemüth führen / was ihr Mann ihme und seiner hochen Persohn hat zugefügt / stultitia in eo est, etc. Dann er / sagte sie / ist von Natur ein grober Narr.

Der gelehrte Didacus Nissenus schreibt: Fer. 4. post Dom. 2. Quadrages. Daß GOTT nicht allein die Heiligkeit sondern auch die Höfflichkeit in seiner Schuel lehre non Sanctitatem modo, verum er Urbanitatem in sua Schola Deus docet. Sehe jemand nur wie höfflich der gebenedeite Heiland mit dem Petro umbgangen / als einest das Volck auff Ihn trang / GOttes Wort zu hören / da Er stunde am See Genesareth, auch dazumahl zwei Schiff am See stunden / die Fischer aber waren außgetreten / und wuschen die Netz / der HErr aber tratt in ein Schiffel / das dem Simoni zugehörig / und bitt ihn / daß ers ein wenig vom Land führete / rogabat eum, etc. Ei / GOttes Sohn selbst; der Welt Heiland selbst; der HERR und Herrscher aller Ding selbst / batt GOTT den Petrum, etc. Mercke doch / daß die Höfflichkeit bei allen ein sehr schöne / und wol anständige Tugend seie. Luc. c. 5.

Wie hätte dann können höfflicher sein Magdalena bei dem Grab deß HErrn / als ihr der Herr in Gestalt eines Gartners erschinen / den sie damahlen auff kein Weiß erkennt / gleichwohl denselben einen Herrn tituliert / Domine, etc. Sonst pflegt man die jenige / so ein Schauffel über die Achsel tragen / gar selten Herrn zu schelten / aber Magdalena, als ein adeliche Persohn / wuste gar wol / daß die Höfflichkeit bei einem solchem Stand sehr wohl stehe.

Der alte Plutarchus in Pol. ad Traja. hat dazumahl schon die unhöffliche Leuth für grobe Narren außgefiltzt / da er sagte: Stulti sane, qui intelligere nequeunt, honorare, quam honorari, quid praestet.[4] Daß die Bauren meistens sich in die Höfflichkeit nicht können schicken / ist es ihnen so gar für ungut nicht auffzunemmen: zumahlen ihr meiste Auffenthalt ist bei groben / und unartigen Leuthen / ob doch schon einer gewest / der vor hat geben / als sein die Baurn vil höfflicher als die Edl-Leuth / dann wann sie sich schneutzen / so werffen sie solchen Unflat auff die Erden; die Edl-Leuth aber solchen gemeiniglich sambt dem Tüchl in Sack schieben.

Weil der erste Baur in der Welt grob ist gewest / diser war der Cain, Cain autem erat Agricola. Also glauben die andern / sie müssen gleichsamb in dessen Fußstapffen tretten; dergleichen Exempel / weil sie allzuvil und fast täglich / seind unnöthig allhier beizurucken: Ich weiß mich selbst zu erinneren / daß ein Geistlicher bei einer vornehmen Wahlfahrt / umb weil der Zulauff allzugroß / derentwegen genöthiget worden / under dem freien Himmel Beicht zu hören; als aber der Stuel / worauff er gesessen / zimblich nider / und folgsam der Habit unterhalb vil auff der Erden gelegen / und nun ein Baur mit neuen Lederen Hosen hinzugetretten / und nider knien wolte / da hat er vorher den Habit deß Beicht-Vatters besser hinauß gezogen / ihme selben / als einen Teppich underbreittet / damit er solcher Gestalten seine gelbe Hosen nit möge besudlen. Wol ein grober Narr!

---

[4] Gänzlich närrisch sind die, so nicht einsehen können, was höher: Ehre erweisen oder Ehre empfangen.

Ein anderer hat seinem Herrn Verwalter ein Kandl Wein zu dem Nachtmahl überbracht / mit Bitt / er wolle darmit vor lieb nehmen / dann er wisse doch nicht / wann ein Schelm den anderen vonnöthen habe; thut zugleich ihme eines zubringen; da er aber vermerckt / daß ein Mucken oder Fliegen im Wein schwimme / wolte er doch solche nicht herauß fischen / sondern namme den Lichtbutzer von dem nächsten Leuchter / und hebt sie darmit herauß. Auch ein grober Narr!

Andere unzählbar mehrer dergleichen Grobheiten seind für sich selbst auch in allweg bei den Bauren zu tadlen; vil mehrer aber bei anderen Leuthen / die gleichwol in Stätten / und Märckten seind aufferzogen worden / oder wenigist einige Jahr und Zeit unter denselben gewandlet; dannoch findt man solche Porcellänische Gäst / ungeschlachte Limmel / knopperte Wald Scepter / umbkehrte Berchtolds-Gadner-Waar / über und über gedräte Knöpff / die noch der eigenen Meinung seind / als stehe ihnen die Grobheit sehr wol an.

Einer sitzt bei der Tafel so ungebertig / als wolt er mit beeden Armben ein Gewölb unterstützen; ein anderer ist so unverschambt / daß er in die Schüssel mit solchem Gewalt hinein sticht / als wolt er einem Wildschwein den Fang geben; ein anderer ist so grob / daß er ein brattne Ganß auff sein Täller logiert / derselben Hosen / und Wammes abziecht / das übrige dem Nächsten vorlegt; ein anderer ist so wild / daß er mit schmutziger Goschen saufft / und folgsamb das Gläß nicht anderst außsicht / als wie ein Flecksieder Erml; ein anderer, grappelt in den Zähnen mit ginnendem Maul / als stehe schon das Thor offen zum Mist außführen: ein anderer hat noch halbendes Fuetter im Maul / fangt anbei zu lachen / daß die Trebern wie ein Schaur oder Risel über den Tisch fallen / als wäre sein Maul zu einer Spritz-Kandel worden; ein anderer ist so vichisch / daß er einen Hanockischen Seufftzer auß dem Magen treibt / als thäte an einer Gleger-Butten ein Reiff abspringen; ein anderer überladet das Täller mit Speisen / daß es einem unabgestrichenen Metzen nicht ungleich; ein anderer bringt solche Zotten auff die Bahn / daß solche dem Teuffel für ein Confect könten auffgesetzt werden / etc. An disen und dergleichen groben Narren hat Himmel und Erden ein Abscheuen.

Ein Eifersüchtiger Narr.

Daß Job ein Model und Modell der Gedult / alle Sucht und Kranckheiten habe an sich gehabt / ist ein allgemeine Aussag der Lehrer; und wollen auch einige / daß er das Podagra in höchstem Grad habe außgestanden / indem er gesagt hat / posuisti in nervo pedem meum, etc. Wann dann alle Suchten ihn geplagt haben / die Lungen-Sucht / die Dürr-Sucht / die Gelb-Sucht / die Wasser-Sucht / die Schwind-Sucht / die Glider-Sucht / etc. so ist doch ein Sucht an dero er nicht gelitten / nemblich / die Eifersucht / an der ist nicht bekannt / daß er hätte gelitten: da doch dise die härtiste Sucht / und wo sie einmahl starck hafftet / da greifft sie so gar das Hirn an und machet den Menschen zu einem Narren.

Der H. Paulus 1. ad Corinth. c. 7. v. 27. schreibt außtrucklich dise Wort / als er handlet von dem Ehe-Standt: bist du an ein Weib gebunden? so such nicht loß zu werden: bist du aber frei vom Weib? so such kein Weib: wann auch ein Jungfrau einen Mann nimbt / so sündiget sie nicht / doch werden sie solche Trübsal deß Fleisch haben / ich aber verschone euer: Welches alles so vil will sagen / im Ehestand seind solche unglaublich grosse Trübsalen / wann ich Paulus dieselbe alle wolte an Tag geben / und kundbar machen / ich forchte es möchte gar keiner heurathen. S. P. August. lib. de Virg. c. 16. Unter solchen Trübsalen ist fast eine auß den grösten die Eiffersucht / also zwar / daß GOTT im alten Testament sehr vil Ceremonien, Opffer / und Mittel vorgeschriben / damit diser üble Zustand möchte auß dem Weeg geraumbt werden: ja mehr als einmahl hat GOtt im neuen Testament Wunder-Werck gewürckt / damit er nur dise üble Sucht möchte wenden. Die Mutter deß seligen Laurentii Sossii ist in einem so bösen Argwohn bei ihrem Mann kommen / daß er sie bereiths mit einem Säbel wolte niderhauen / der Meinung / als wäre er nicht rechter Vatter zu disem Sohn; das Kind aber / das nur 10. Tag alt / ist ihme in den Streich gefallen / und in dise Wort ausgebrochen: Quid agis Pater? Was thust du Vatter? indeme ich dein Leibliches Kind / und die Mutter unschuldig. Annal. Serv. P. 2. cent. 4.

Ein Gifft deß Ehestands / was mehr? Ein Rauberin deß Fridens / was mehr? Ein Zertrennerin der Gemüther? was mehr? ein Folter deß Hertzens / was mehr? Ein Tyrannin deß Gewissens / was mehr? Ein Wolcken deß Verstands / was mehr? Ein einheimbischer Teuffel selbst ist die Eiffersucht. Frage in dem schönen Closter Fürstenfeld in Bayrn / wer dessen Stüffter gewesen / so wirst du hören / daß selbiges hab auffgericht / und mit stattlichen Renthen versehen Ludovicus Severus Hertzog in Bayrn / umbweil er auß grundloser Eiffersucht sein liebste Frau Gemahlin Mariam, ein Hertzogin auß Braband hat lassen ermorden / wessenthalben er auch / unangesehen ein Herr von 27. Jahren / in einer Nacht also eißgrau worden / daß er einem 70.jährigen Dättel gleich gesehen. Bavar. Sanct. tom. 2. Bei denen Wälschen und Spaniern wachset dises Unkraut zum mehristen / also zwar / daß etliche vor lautter Eiffersucht am gantzen Leib abserben / und elendiglich crepiren; dahro bei ihnen dise Sucht Gelosia genannt wird / weil nemblich vor immerwehrenden Sorgen / das Geblüt gleichsamb erkaltet / und folgsamb die Lebens-Geister verschwinden. Zu Venedig ist ein gantzes Buch von disem Hauß-Ubel in Druck außgangen / worinnen sehr entsetzliche Exempel zu lesen / solches wird tituliert / Antidoto della Gelosia. Justina ein Adeliche und Gstalt halber berümbte Jungfrau zu Rom / nachdem sie geheurath / und einest in Abziechung der Schuch etwas wenigs den Fuß entblöst / da ist ihr Mann in ein solche Eiffersucht gefallen / daß er sie an derselben statt entleibt. Worvon folgende Verß:

Immitis ferro secuit mea colla Maritus,
  Dum propero nivei solvere vincla pedis,
Durus et ante thorum, quo nuper Nupta coivi,
  Quo cecidit nostrae Virginitatis honos.
Nec culpa meruisse necem, bona Numinis testor,
  Sed jaceo fati sorte perempta mei.
Discite ab exemplo Justinae, discite Patres.
  Ne nubat Fatuo filia vestra Viro.
[5]

5

Unerbittlich durchschnitt mit dem Dolch mein Gemahl mir die Kehle,
  Da ich vom schneeweißen Fuß die Riemen zu lösen mich eilte,
Hartherzig, grad vor dem Bette, wo just wir Vermählung gefeiert,
  Wo soeben die Würde der Jungfernschaft ich ihm geopfert.
Nicht durch eigene Schuld verdient' ich, bei Gott, diese Strafe,

Beyr. Lit. Z.

Wol recht grosse / starcke / seltzame / grobe / gesichtige / und gewichtige Narren seind die Eiffersüchtige. Ein Eiffersichtiger / beschau ihn wol / ist wie ein eisener Hahn auff dem Tach / der sich ein gantze Zeit hin und her wendt: Ein Eiffersüchtiger / besichtige ihn recht / ist wie ein Henn / die immerzu kratzt / grippelt / grappelt und sucht; Ein Eiffersüchtiger / betracht ihn gut / ist wie ein Löw / der auch im Schlaff die Augen offen hat. Dem Narren ist ein jeder Aspect, Suspect; ihm ist deß Weibs ein jeder Gang ein Zwang; ihm ist ein jeder Schritt ein Schnitt; ihm ist ein jeder Gruß ein Buß; ihm ist ein jeder Schmutzer ein Drutzer; ihm ist ein jeder Blicker ein Zwicker; Sie wolt gern reden / und darff nicht; sie wolt gern lachen / und soll nicht; sie wolt gern grüssen / und traut ihr nicht; sie wolt gern dancken / und understehet sich nicht; alles / was von ihr Guts gesagt wird / das glaubt er nicht; was von ihr böses geredt wird / das glaubt er: Monsieur, sagt ein alte Hexametron, euer Frau thut in der Kirchen under dem Gebett mit dem und dem reden: Morbleu! sagt der Narr / da wird das Placebo Domino nicht weit darvon seyn. Monsieur, sagt ein alte gefaltete Fechhauben / euer Frau hat dem und dem ein schöne Reverenz gemacht; Morbleu! sagt er / das Reverenz machen bedeuttet reverenter etwas anders; Monsieur, sagt ein Zahn- und zahmlose Fettel / euer Frau hat von dem und dem ein schönen Blumen Buschen bekommen; Morbleu! sagt er / holl der Teuffel das Vergiß mein nicht darunter; Monsieur, sagt ein geschimpelter Salve Käß / euer Liebste hat in vergangener Gesellschafft mit dem und dem öffter getantzt / als mit anderen: Morbleu! sagt oder gedenckt der Narr / diser Tantz trohet mir auff dem Stirn ein Capriol / etc.

O Narr über alle Narren! Wie vilmahl thun wir Menschen übel urthlen / und wollen in dem Fall dem allerhöchsten GOtt in sein Allmacht greiffen / der alleinig den Schlüssel hat zu den Menschlichen Hertzen! Haben doch die Aposteln einmahl den Heiland selbst

---

Sondern hingerafft liege ich da durch das Los meines Schicksals.
Lernt an dem Beispiel Justinas, ach, lernet, ihr Väter, daß niemals
Ihr die Tochter verheiratet einem törichten Manne.

•

•

für ein Gespenst angeschaut / putabant esse Phantasma. Wann auch zuweilen ein Sach fast handgreifflich scheinet / so können wir gleichwohl irren; wie es dann dem alten Isaac widerfahren / welcher deß Jacobs Händ für die Händ deß Esau gegriffen.

Jener ist doch von der Seinigen sehr gut ausgezahlt worden; dise hat er auß Eifersucht dergestalten eng und streng gehalten / daß sie immerzu wie ein Duck-Ändel sich muste verbergen / so gar die Fenster waren ihr verbotten / ware also gezwungen gleichsamb auß einem Weib ein Domi-cella zu werden; so weit hat der Narr in seiner Thorrheit zugenommen / daß er ihr auch gebotten / sie soll auff kein einige Manns-Bild gedencken / wann auch der Gedancken in sich selbst gut wäre; als er einsmahls auff wenig Stund nur abwesend / da hat sie ihr selbst ein stattliche Jausen zugericht / und ein paar Haasen-Hüendl / sambt anderen Schnapp-Bißlen dergestalten abgeküfflet / daß nichts als die Beinl geübriget worden; da er aber bald hernach heimb kommen / und solches gesehen / nun / sagt er / du last es dir wol schmecken / geseng dirs GOtt; allein du Närrin / hättest mir wol sollen was überlassen / O mein Mann / war ihr Antwort / ich hab warhafftig auff dich nicht gedenckt / dann du hast es mir ja so hoch verbotten / und aufferlegt / ich solle auff kein Manns-Bild dencken / etc. Ziehe ein Gispel.

Ein Lobwürdiger Narr.

Unter dise Zahl hat sich der Heil. Paulus selbst sambt den Seinigen gezehlt / als er gesagt hat / nos stulti propter Christum, wir seind Narren umb Christi willen. 1. Corinth. c. 4. Dann die Welt dazumahl hat es für ein Narrenstuck gehalten / daß dise so vil Schmach und Unbild umb Christi willen gelitten: aber dergleichen Narrheit ist bei GOtt ein Weißheit; solche lobwürdigste Narren hat man schon zimblich vil in der Welt gefunden und ist deren noch kein Mangel.

Wer ist diser / der so vil gilt bei dem Päbstl. Stuhl? Bei so grossen gecrönten Häuptern? Er hätt gar können Ertz-Bischoff zu Mailand werden / wann er solche Dignitet nit hätte geweigert; Es ist der Clarevallensische Abbt Bernardus; zu disem ist auff ein Zeit ein Priester kommen / und in sein Heil. Religion angehalten / daß er nemblich wolte ein Mönch werden; Bernardus gibt ihm ein Antwort / daß er auch anderwerts / wann er will / könne einen vollkommenen Wandel führen; diser namme Welches für einen Korb auff / und schlagt ihne dergestalten ins Gesicht / daß er fast über und über gefallen; als andere dise Ohnbild in allweg wolten rächen / hat der Heil. Mann sie mit allem Gewalt abgehalten / sprechend / mir hat GOtt so offt verzihen / warumb solte ich ihme nit verzeihen? Marulus l. 5.

Ein solcher Narr bin ich nicht / sagt ein mancher Welt-Mensch / der Teuffel hol mich / wann mir diß wäre geschehen / ich wolt dem Pfaffen die Blatten geschoren haben / daß er sein Lebtag hätte auff mich gedenckt / ich wolt ihn mit dem Spanischen Rohr auff gut Teutsch dergestalten gemessen haben / daß er die Streich Nottenweiß hätte müssen zehlen / was gilts / er wäre mir mit dem praesta quaesumus kommen / und umb Gnad gebetten. Ecce! der sich nicht rächet an seine Feind / und den zeitlichen Respect nicht achtet / wird von der Welt für einen Narrn gehalten / aber dise Narrheit ist bei GOtt ein Weißheit. Ego dico vobis, diligite inimicos vestros. Matth. c. 5.

Wer ist diser / der sich in einer so schlechten Hütten auffhaltet / daß er sich kaum kan umbkehren? Sein Kleid ist nichts anders / als ein rauchen Sack; sein Beth ist nichts anders / als eine von groben

Binsen geflochtene Decken; sein Kuchel ist nichts / als ein blosse Erd / allwo ein schlechter Kraut-Topff beim Feuer stehet; sein Keller ist nichts anders / als ein vorbeirinnender Bach; sein Gesellschafft die wilde Ther: Wer ist diser? Es ist Arsenius, derselbige / der da hat können bei deß Kaisers Arcadii Hoff alles in allen gelten; er hätte können alle Renten auß dem Königreich Egypten geniessen; er hätt können die rechte Hand dises grossen Monarchen sein / und folgsamb ein halber Welt-Regent; hat aber alles dises veracht / und verlacht / etc. und ist ein Eremit worden. Ein solcher Narr / sagt ein mancher Welt-Mensch bin ich nicht / man muß gleichwohl auff Ehr und Reputation gehen / auch ein gemeiner Erd-Dampff sucht in die Höche zu steigen: das Wörtl Honor fangt von einer Aspiration an / als solle ein jeder rechtgeschaffener Kerl nach einer Ehr trachten. Meine Eltern haben mir darumb so vill Geld hinderlassen / damit ich heunt oder Morgen soll weiter kommen; hat Saul können auß einem Esel-Treiber ein König werden / warumb soll ich nicht auch alles suchen / und versuchen / damit was mehrere auß mir werde; ein Storch macht sein Nöst in die Höche / solt ich dann schlechter sein / als diser Schnaderer; ein Baum tracht von Natur in die Höche / ich müste wohl ein Stock und Block sein / wann ich nicht deßgleichen thätte: es ist doch besser bedient werden / als dienen; so halt man doch mehrer auff einen Thurn / als auff ein nidere Halter-Hüten; einen hochen Berg scheint die Morgenröth ehender an / als einen schlechten Scher-Hauffen. Ecce! der Ehren / und Digniteten verachtet / wird von der Welt für einen Narrn gehalten; aber dise Narrheit ist bei GOtt ein Weißheit / in deine er gesprochen hat: Discite a me, quia mitis sum et humilis corde. Matth. cap. 11. Non venit Filius hominis ministrari, sed ministrare. Matth. c. 20.

Wer ist diser? Der in einer so schmutzigen Kutten / die Schüssel in der Kuchel abspüllt? Denen ankommenden armen Pilgramen die kottige Füß waschet? Den Leib täglich mit harten eisenen Ketten abbufft? Einen härtenen Strick an dem blossen Leib tragt / und nicht einmahl sich sättiget mit einem geschimmelten Brod: Wer ist diser? Es ist Gallicanns ein nächster Befreundter deß Grossen Kaisers Constantini, der ein Ober-Haupt deß gantzen Römischen Kriegs-Heer: diser hat alles umb Jesu Christi Willen verlassen / ein Mönch worden / und einen solchen strengen und harten Lebens-

Wandel angetretten. Ein soler Narr / sagt mancher Welt-Mensch / bin ich nicht / ich will gleichwohl in Himmel kommen / es heist ja / du sollst deinen Nechsten lieben; wer ist mir nähender als mein Leib? Diser kan das Cilicium, und Roß-Haar gar nicht leiden / ausser under dem Sattel; Das Geißlen / und Peitschen hat er gar nicht gewohnt; hat sich doch ein Engel über die Eselin erbarmt / wie solche der Balaam geschlagen; Fasten ist mir gär nicht möglich / mein Magen erschreckt vor Fischen / wie der jüngere Tobias beim Fluß Tygris: Daß Joannes in der Wüsten Heu-Schrecken für ein Speiß habe genossen / will ich der Weil glauben / underdessen wird mir ein Cappauner nicht so schädlich sein / wie dem Petro ein Hahn / etc. Ecce! einen strengen / harten Lebens-Wandel führen / den Leib gebührend Casteien / ist bei der Welt ein Narrenstuck / aber bei GOtt dem Allmächtigen ist es ein Weißheit / qui autem sunt Christi, Carnem suam crucifixerunt cum vitiis et concupiscentiis[6] , etc. ad Galat. 5. Regnum Caelorum vim patitur. Matth. cap. 11.

Wer ist diser? Er tragt ein Zettel in der Hand / er leut bei der Closter-Pörten an / und begehrt zu dem P. Prediger / erzehlt demselbigen umstandig / wie er verwichenen Erchtag einen Beuttel mit 100. Ducaten habe gefunden / darbei auch ein Ring mit einem sehr kostbahren Diamant / bittet denselben / er wolle doch die Mühe über sich nemmen / und dise Zettel nach der Predig ablesen / folgsamb verkünden / wer etwann dises Geldt verlohren / soll sich da und da anmelden. Ein solcher Narr / sagt ein anderer / wär ich nicht / der Kerl hat das Glück nicht wissen zu gebrauchen / da hätt ich wol mein Maul gehalten / warumb gibt nicht ein jeder acht auff sein Sach; zu dem Geldt hett ich gesagt / Herr mein Fisch: Es muß einer lang wartten / biß ihm ein solche Kuhe kälbert: Ecce! Der auff sein Gewissen gehet / und mit ungerechtem Geldt sich nicht will beschweren / einen solchen halt die Welt für einen Narrn / aber dise Narrheit ist bei GOtt ein Weißheit: Quid proderit homini, si lucretur universum Mundum, Animae vero suae detrimentum patiatur.[7]

---

[6] Die aber, welche zu Christus stehen, haben ihr Fleisch gekreuzigt mitsamt den Lastern und Lüsten.

[7] Was nützte es dem Menschen, wenn er die ganze Welt gewänne, an seiner Seele aber Schaden litte?

Wer ist diser? Er ist halb nackend ausgezogen / kriecht auff allen Vieren daher / tragt einen Sattel auff dem Rucken wie ein Esel / einen Zaum in dem Maul / marchiert solcher Gestalten auff öffentlichen Platz / wo ein Menge der Leuth versamblet / deren mehriste ihn für einen unsinnigen Narren gehalten; Wer ist diser? Es ist der Seelige Jacoponus auß dem Orden deß Heil. Francisci, welcher nichts anders gesucht / als von der Welt veracht / und verlacht zu werden: aber ein solche Narrheit ist bei GOtt ein Weißheit.

Wer ist diser? Er tantzt in Gegenwarth viler Tausendt Persohnen vor der Kirchen / hat einen umbgekehrten Beltz an / und das Rauche auswendig / macht allerlei seltzambe Caprioli / schnaltzt mit den Fingern / und macht Männiglich ein so unverhofftes Narren-Spill? Diser ist der H. Philippus Nereus, der bei dem Pabst / und allen Cardinällen im höchsten Ansehen; damit ihn also die Leuth nicht für heilig solten halten / hat er sich gantz närrisch gestellt. Solche Narrheit aber war bei GOtt ein Weißheit.

Wer ist diser? Er ziecht auff wie ein Capuciner / tragt aber einen schwartzen Hut auff dem Kopff / den ihme besagter Philippus Nereus aufgesetzt / hat ein Blumen-Büscherl hinder den Ohren / drinckt vor allen Leuthen Mitten auff dem Platz zu Rom auß einem Fläschel / ihme lauffen die Buben nach in einer grossen Menge / und schreien / Capucino col Cappello, Capucino col Capello, etc. diser ist der Seelige und heilige Mann / und Bruder Felix ein Capuciner / der wegen seiner grossen Heiligkeit allenhalben berühmbt; damit er nur von der Welt möchte veracht und verspottet werden / hat er derentwegen / solche / dem Ansehen nach / ungereimbte Sachen begangen: aber ein solche Narrheit ware bei GOtt ein Weißheit.

O wol ein schöne / ein löbliche / ein heilige Anzahl solcher Narren! die alle mit Paulo umb Christi willen Narren abgeben / nos stulti propter Christum. Lasset euch nur nicht abschröcken ihr eiffrige Christen / wann euch schon die schwindsüchtige Welt / wegen euren frommen Wandels / und Christlichen Lebens außlachet / und für Narren haltet; ist doch der Welt-Heiland Christus der HErr selbst bei dem Hoff Herodis nicht anderst gehalten und tractiert worden: ist doch der Nahmen und das Evangelium nicht anderst tractiert worden / als Judaeis Scandalum, Gentibus Stultitia,

1. ad Corinth. 1. c. Den Juden ein Ergernuß / den Heiden ein Thorrheit. 1. zu den Corinth. 1. Cap. Folgen wir lieber nach dem Heil. Gregorio, welcher also ernsthaft uns sammentlich ermahnet / Si veraciter Sapientes esse appetimus, relinquamus noxiam Sapientiam, discamus laudabilem fatuitatem. Wann wir recht weiß und verständig zu sein begehren / so lasset uns die schädliche Weißheit verlassen / und lasset uns lehrnen ein löbliche Thorrheit. S. Gregor. Papa. lib. 27. Moral. c. 27.

ENDE

Über tredition

Eigenes Buch veröffentlichen

tredition wurde 2006 in Hamburg gegründet und hat seither mehrere tausend Buchtitel veröffentlicht. Autoren veröffentlichen in wenigen leichten Schritten gedruckte Bücher, e-Books und audio-Books. tredition hat das Ziel, die beste und fairste Veröffentlichungsmöglichkeit für Autoren zu bieten.

tredition wurde mit der Erkenntnis gegründet, dass nur etwa jedes 200. bei Verlagen eingereichte Manuskript veröffentlicht wird. Dabei hat jedes Buch seinen Markt, also seine Leser. tredition sorgt dafür, dass für jedes Buch die Leserschaft auch erreicht wird.

Im einzigartigen Literatur-Netzwerk von tredition bieten zahlreiche Literatur-Partner (das sind Lektoren, Übersetzer, Hörbuchsprecher und Illustratoren) ihre Dienstleistung an, um Manuskripte zu verbessern oder die Vielfalt zu erhöhen. Autoren vereinbaren direkt mit den Literatur-Partnern die Konditionen ihrer Zusammenarbeit und partizipieren gemeinsam am Erfolg des Buches.

Das gesamte Verlagsprogramm von tredition ist bei allen stationären Buchhandlungen und Online-Buchhändlern wie z. B. Amazon erhältlich. e-Books stehen bei den führenden Online-Portalen (z. B. iBookstore von Apple oder Kindle von Amazon) zum Verkauf.

Einfach leicht ein Buch veröffentlichen: **www.tredition.de**

Eigene Buchreihe oder eigenen Verlag gründen

Seit 2009 bietet tredition sein Verlagskonzept auch als sogenanntes "White-Label" an. Das bedeutet, dass andere Unternehmen, Institutionen und Personen risikofrei und unkompliziert selbst zum Herausgeber von Büchern und Buchreihen unter eigener Marke werden können. tredition übernimmt dabei das komplette Herstellungs- und Distributionsrisiko.

Zahlreiche Zeitschriften-, Zeitungs- und Buchverlage, Universitäten, Forschungseinrichtungen u.v.m. nutzen diese Dienstleistung von tredition, um unter eigener Marke ohne Risiko Bücher zu verlegen.

Alle Informationen im Internet: **www.tredition.de/fuer-verlage**

tredition wurde mit mehreren Innovationspreisen ausgezeichnet, u. a. mit dem Webfuture Award und dem Innovationspreis der Buch Digitale.

tredition ist Mitglied im Börsenverein des Deutschen Buchhandels.

Dieses Werk elektronisch lesen

Dieses Werk ist Teil der Gutenberg-DE Edition DVD. Diese enthält das komplette Archiv des Projekt Gutenberg-DE. Die DVD ist im Internet erhältlich auf **http://gutenbergshop.abc.de**